Revisionsansinnen bezüglich des „Esra"- Verbots
und Revisionsansinnen bezüglich weiterer darauf folgender derartiger fragwürdiger Urteile

Marco Bsondermann (Pseudonym)

Revisionsansinnen bezüglich des „Esra"- Verbots
und Revisionsansinnen bezüglich weiterer darauf folgender derartiger fragwürdiger Urteile

Marco Bsondermann (Pseudonym)

Revisionsansinnen bezüglich des „Esra"- Verbots
und Revisionsansinnen bezüglich weiterer darauf folgender derartiger fragwürdiger
Urteile
Marco Bsondermann (Pseudonym)
Selbstverlag als Bod
ISBN 978-1-291-48320-8

2013, München

Cover: Nebel bei Zell am See (Österreich).

Art der Herstellung: Eilig, skizziert, aus diversen Dateien zusammenkopiert.

Zustand des Autors: Desolat. Cerebral neurohypnosewaffenverursacht einge-schränkt (divers – auch das Sprachzentrum, der Wortschatz, die Rezeptions-fähigkeit, das seit vielen Jahren), erschöpft, unwillig, gedankenkontrolliert, elektroschockartig terminiert, stimuliert, wahrscheinlich neurohypnosewaffen-verursacht betrunken. Siehe dessen anderes Buch, das noch genannt wird.

Irrtümer im Zusammenhang vorbehalten.

Deutungsvorschlag additiv: Neurohypnosewaffenmäßig zwangsrekrutierter ~~Laienstaatsanwalt~~ (-revisionsrichter) (unbezahlt!)? - Freiwillig macht so etwas niemand, natürlicherweise traut sich so etwas keiner – aber es muss jemand?!?. (Zur Ausarbeitung und Herausgabe gezwungen).

Nachdem mir niemand einen Vorschuss gezahlt hat, hab ich die Texte auch nicht nochmal durchgelesen. (Beleidigt!).

Hiermit erlaube ich mir, alle Deutschen Richter, die das „Esra"- Verbot inhaltlich für voll genommen haben, zur Verurteilung vorzuschlagen. Ach ich armer Mensch.

Einmal korrigiert. (S. 31 ff., 44)

Plagiatsvorsorge.

Erregte Ärgernis!

„Erregte Ärgernis!" erwähnen. (mehrt Verständnis im Volk).

Erregte jedesmal Ärgernis.

Inhalt

Prolog

1. Teil. Revisionsansinnen

2. Teil. Original und Zuständigkeit (Dokumente)

3. Teil. Tendenzgutachten und Gutachten zur Neurohypnose-, Hypnose- und Datenwaffe.

4. Teil. Witze

Prolog

Man behauptet einen Müll (orig.: Scheiß), um was erklärt zu bekommen- Betrugstrick.
Das ist nicht die Terminologie meines Professors, da spiel ich mich beleidigt auf- Betrugstrick.
Man müsse einen Anwalt haben, um publizieren zu dürfen- Betrugstrick.
Hysterische Produziererei- Betrugstrick.

Die CSU mit ihr gerecht werdenden Fehlurteil umschmeicheln- Betrugstrick (orig.: in den Arsch kriechen).
Ganz spezielle, persönliche Schuldübertragungstechnik.
Insider- Rechtsbeugung.

Beleidigung der Revision.

1. Teil Revisionsansinnen
Quellen primär SZ, taz, Spiegel, Internet (ua Wikipedia).

1.1. Notwendigkeit
Das ist nicht mehr mein Gericht, sind nicht mehr meine Gerichte, nicht mein Staat gewesen, das ist nicht meine Schuldverteilung nicht meine Gerechtigkeit gewesen, die da gesprochen worden war.

Auch hatte ich in letzter Zeit mehrfach gelesen, dass einige Rechtsanwälte in Deutschland viel mit dem Verfassen von Revisionen, Einreichung derselben am Bundesgerichtshof, beschäftigt sind.

Insofern habe ich meine Anzeige/ Beschwerde - die Sache beschäftigte mich, auch ich werde mit der Sache beschäftigt, in ein Urteil umgeschrieben.

Im Gesetz für die bayrischen Amtsgerichte steht meiner Erinnerung en Passus, dass Laien an der Rechtsprechung mitwirken [b]sollen[/b]. Allerdings wohl als Schöffe.

Soll ich mich (verwegenerweise) zum für eine Revision zuständigen bayerischen Laienrichter erklären? Das wäre ein bisschen förmlich. Dabei würde ich einen Formfehler machen. Diesen bitte ich zu entschuldigen. Ich bin in einer Notlage. Die Begründung der Zuständigkeit ist triftig (siehe Punkt 2, Qualifikation und Zuständigkeit). Sonst ist dieser förmliche, skandalöse Text förmlich er Protest.

So ein Laienrichter- Urteil, um rechtskräfig zu werden, bedarf selbstverständlich der Bestätigung durch eine höhere ordentliche Instanz. So schlecht wie es mir nach wie vor geht halte ich eine solche Bestätigung für unwahrscheinlich.

Ich weiß wenigstens, was ich für Formfehler mache.

1.2. Qualifikation und Zuständigkeit
Mein Jurastudium an der LMU beendete ich sehr zügig und atypisch erfolgreich endgültig mit folgendem, mehrfach real versandten Brief an Prof. Dr. jur. Wiggerl Kögl (Name geändert) über eine Neurohypnose- Hypnose und Datenwaffe, mit der ich aus seinem Kurs geprügelt worden war:

Nach meiner Rechnung werde ich nun bald das 10. (zehnte) Jahr auf diesem Weg als Sklave gehalten, davon bald das 7. Jahr als verprügelter Sklave (plärrend laut durch die Gegend geprügelt, weitere Merkmale des Neurohypnosewaffendesigns siehe unten genannte Buchpublikation).

Nach wie vor werde ich von meinem eigenen Leben abgehalten und zyklisch immer wieder zur Beschäftigung mit dem Urteilsinhalt und verwandten Problemen gezwungen (zuerst dem Esraverbot). Neurohypnosewaffendesign: Gewalttätiges, fixierendes, hauendes Geplärre plus x. Neben anderem auch dazu gezwungen. Neurohypnosewaffendesign baut sich sehr langsam ab.

1.3. Revisionsansinnen für „Last Exit Volksdorf" (Tina Übel)
Erregte Ärgernis. Skizze.

Freispruch, Aufhebung des Verbots.
Schuldspruch gegen das Hamburger Gericht wegen Romanverbots aus albernem Grund (Übertragung).
(im Unterschied Freispruch) bezüglich des Verbots der ersten Fassung des Romans "Last Exit Volksdorf".

Begründung des Urteils (Revisionsansinnens):

1. Dimension der Persönlichkeitsrechte psychisch Leidender (das ist ein weiterer Personenkreis als der der psychisch Kranken schließt diese aber ein).
Persönlichkeitsrechte psychisch Leidender (nicht nur psychisch Kranker) erfordern in jedem Fall dann besonderen Schutz, wenn sie verwertbar werden könnten. Die Vorstellung, dass die Bücher von Sabine Dardenne oder Natascha Kampusch von einem/r Dritten/r herausgegeben würden, ist schrecklich, liegt aber gar nicht so fern (So sinngemäß auch S. Dardenne Seite soundso). Solche kommerziellen Ansinnen gäbe es bestimmt. Sophistisch (also rhetorisch, aber moralisch verlogen) begründen, dass das Buch ein Profi schreiben solle, ließe es sich auch noch.
Bei der beanstandeten Sexualverfehlung, die Übel aufgegriffen hat, erscheint das sehr unwahrscheinlich ja sogar lächerlich. Auch ist Übel ein ganz anderer Autorentypus, Autorin zeitkritisch- fiktionaler Werke. Oberflächliche, sekundäre, stellvertretende Behandlung der Thematik seitens des Gerichts.

2. Dimension der Übertragung und der Gegenübertragung im Zusammenhang:
Psychisches Leid erzeugt starke, ungute Gefühle. Wendet die/ der Leidende diese Gefühle stellvertretend gegen Dritte, spricht man von Übertragung (psychoanalytisch). Allgemein als gestört, ungesund, unanständig, unreif angesehen. Psychisches Leid erzeugt starke, ungute Gefühle, auch bei Dritten. Auch bei Satirikern oder zeitkritischen Autoren wie Übel fließen solche Gefühle regelmäßig in die künstlerische Arbeit ein. Diese Gefühle zu sanktionieren verbietet sich ja wohl eigentlich. Die Zeitkritik und Satire von der Beschäftigung mit zeittypischen Verfehlungen auszuschließen, verbietet sich ja wohl eigentlich.
Die Denkarbeit ist vom Gericht in die falsche Richtung, die der Intellektuellen, nicht die der Übertragenden verurteilt worden. Probleme, emotionale Probleme mit beanstandeter Sexualverfehlung sollten schon vor deren künstlerischer Bearbeitung existent gewesen sein (Schuldübertragung seitens des Gerichts).
Schuldspruch gegen das Gericht.

3. Ästhetik, Abgrenzung der Künste zur Klatschpresse
Dem Kunstwerk liegt eine andere, mehrdimensionale Kalkulation, auch eine moralisch- ästhetische Kalkulation zugrunde. "Ästhetik" ist hier ein Teilgebiet der Philosophie, genauer der Moralphilosophie. Andere, viel komplexere cerebrale Vorgänge.

Ein Kunstwerk wie ein Klatschblatt abzuwatschen gehört sich nicht. Ein Kunstwerk so wenig wie es getan worden war, ernstzunehmen ist mit der Rechtsordnung unvereinbar. Rechtsordnung: spätestens bayerische Landesverfassung.

Mischkalkulation des ernstzunemenden Künstlers (Komponenten): finanziell, ästhetisch- moralisch, Spaß/ Hedonismus, emotionale Bindung, Verbundenheit mit dem Werk, eigene Urteilskraft.

Anderer, sehr viel höherer cerebraler Energieaufwand des Künstlers bei gerichtlichen Attacken und ähnlich.

Schuldspruch gegen das Gericht. 2 Jahre 9 Monate Haft gegen das Gericht (den Hauptrichter), 19 Monate gegen die Beisitzer.

4. Dimension der Verhunzung (Entstellung, internationales UrhG).
Schuldspruch gegen das Gericht (Verhunzung aus albernem Grund).

5. Dimension des Freiberuflers

6. Dimension der Inspirierung seitens des Bewohners eines freien Landes.
Das Risiko, in einem freien Land ein Kunstwerk zu inspirieren, das Problem ein Kunstwerk inspiriert zu haben, ist für einen Menschen, der ein ordentliches Leben führt, kein wirkliches Risiko, Problem. Ein anderer hätte keine (sehr wenige) Rechte diesbezüglich gegen Kunstwerke zu bekommen.

Das Vermögen, damit umzugehen, ist im Deutschen Volk mittlerweile stark unterentwickelt. Die Denkarbeit ist vom Gericht in die falsche Richtung, die der Intellektuellen, verurteilt worden.

Schuldspruch gegen das Gericht.

7. Dimension des unverschämten Beamten.
Ich habe sehr viel mehr Erfahrungen mit unverschämten Beamten gemacht, als mir lieb ist.

Typ 1: Fällt ein vereinfachtes Urteil in eine (falsche?) Richtung, bis sie/ er es erklärt bekommt.

Typ 2: Verbreitet mit einem hysterisch definierten falschen Opfer Angst und Schrecken in der gesamten Fachwelt. Bleibt so auch als schlechter Richter jahrelang erst einmal unbehelligt.

Typ 3: Für einen weiteren kriminellen (bereits kriminell agiert habenden) Beamten, gell.

Einflüsse des "Esra"- Verbots? (Rhetorik- Unterbindung gegen nächste Gerichte?)

8. Dimension der schweren Körperverletzung
Fraglich! Ein Künstlergehirn im Bezug auf seine Produktion so wenig ernstzunehmen und so zu nötigen, geht in diese Richtung. Konsequenzen für den Künstler sehr viel härter, kein Vergleich zur Yellow Press. (Das Gehirn des psychisch Leidenden leidet schon).

Cerebraler Energieaufwand beider Seiten.

9. Dimension des Landesverrats.
Nächstesmal 10 Jahre Haft.

(wh.) Zur Rechtskräftigkeit (Nicht- Rechtskr.) siehe Punkt 1.1.
Sabine Dardenne "Ihm in die Augen sehen", ISBN
Natascha Kampusch"[4-stellige- Zahl] Tage", ISBN ... (Die Zahl habe ich nicht präsent)
"Täter- Trauma", aus bspw. "Das hört nicht auf", Autor, Wallstein Verlag, ISBN, im Zweifel auch eingeordnet unter "psychisch Leidende".
taz, SZ, perlentaucher.de zu "Last Exit Volksdorf"

PS.: Cerebral exogen eingeschränkt, auch was den eigenen aktiven Wortschatz angeht, verfasst - mittels des technischen Mittels aus Punkt B.. (Wie alles andere seit ~ März 2007 auch).

erg. 201306: verhängt ist nicht vollstreckt.
Ursprünglicher Anlass siehe Punkt .. („Klippen der Unvernunft (Teil)).

1.4. Revisionsansinnen für „Esra" (Maxim Biller).

(Skizze)

Das Urteil hat Angst und Schrecken verbreitet (<> erregte Ärgernis). iZm den Argumenten des vorigen Kapitels.

(Ich möchte nicht, der Verlag ist in der Sache so asozial gewesen)
Einige Punkte der obigen Revision lassen sich auch gegen das Verbot von "Esra" von Maxim Biller anwenden. Allerdings kann ich nur (man so wie ich nur) das AMTSgerichtsurteil angreifen, nicht die der folgenden Instanzen (Sie ... aus Köln und Stuttgart).

Das "Esra"- Verbot im Spiegel des Kulturstaatsansinnens der bayerischen Landesverfassung (man sei mErinn nach ein Sozial- und Kulturstaat, bzw. solle sein.).

1. Ich wünsche das Niveau und die Weltläufigkeit der bayerischen Staatsoper oder des Bayrischen Staatsschauspiels, (~1985 ff.)

2. Dimension der Rhetorik.
Hier meine ich literaturwissenschaftliche, eine rechtswissenschaftliche Rhetorik existiert auch, Rhetorik, wie in einem universitätsgeeigneten Lehrbuch dargestellt.
Biller ist immerhin Intellektueller, Ironiker, Zeitkritiker, nicht Yellow- Press.
Unterlassen? Den Angeklagten aufgegeben?
Rhetorik- Unterbindung gegen nächste Gerichte?

3. Dimension der Sexualideologie (sonst Körperideologie)
a) Sexualideologie der Klägerin. Nicht religiös motiviert (nach Urteilstext).
b) S. Billers. Rationalistisch- distanziert.
c) S. des Gerichts. Kitschig- scheinheilige Sexualideologie. Wahrscheinlich im Unterschiedreligiös motiviert. Kitschige Überhöhung (Evaluierung) der Geschlechtsorgane, die nicht jedermanns Sache ist.
Urteil wirkt ideologisch in Kunst und Presse.

4. Dimension der Inspirierung seitens des Bewohners eines freien Landes.
"Schuld"verteilung falsch. Siehe auch oben (voriges Revisionsansinnen).
Übertragungsaffekte, persönliches Risiko.

5. Dimension der bayrischen Schauspielerin.
Die Klägerin war bayerische Schauspielerin. Eine bayerische Schauspielerin muss mehr (genug) von den Künsten verstehen, als dass sie ein Gericht nötig hätte.
Umgang mit Kunstwerken wie hier nicht hoch angesehen, im Gegenteil.

6. Dimension des Freiberuflers

7. Dimension der "Heuschrecke" (sozialdemokratisch) und der Berufung.

Versetzt die kleinere Konkurrenz dummdreist in Angst und Schrecken.
Es kann einem als Publizisten passieren, dass man sich vor Gericht erklären muss.
Dass das ein bayerischer Landesrichter für einen stellvertretend macht, ist eigentlich ausgeschlossen. Das wusste man (ich) auch 2003 irgendwoher. Ich weiß nicht mehr woher.

8. Literatur- und rechtsgeschichtlicher Dimension.
Marienbader Elegie oder Mephisto? Ersteres m Wiss.

9. Plus x Teile aus obigen Text.

Realakt des Gerichts unter dem Aspekt der Sexualideologie/ Körperideologie in Bayern: Katholische Mission?!?!?! Dann muss man in Bayern die bayerischen Katholiken (Ich gehöre nicht zur kath. Kir.) fragen, ob das Gericht das gedurft hat. Meines Wissens eher nicht. Damit will ich echt nichts mehr zu tun haben. Wollte ich eh nie.

(wh.) Zur Rechtskräftigkeit (Nicht- Rechtskr.) siehe Punkt 1.2..
Ansprüche der Holtzbrinck AG, des Kiepenheuer& Witsch Verlags, Maxim Billers im Zusammenhang: Keine. Jeweils 3 Tage Ordnungshaft. Im Zweifel Wettbewerbsstrafe.

Koch, Neuere Deutsche Literaturwissenschaft. Wiss. Buchgesellschaft Darmstadt.

PS.: Cerebral exogen eingeschränkt, auch was den eigenen aktiven Wortschatz angeht, verfasst - mittels des technischen Mittels aus Punkt B.. (Wie alles andere seit ~ März 2007 auch).

rem.: verhängt ist nicht vollstreckt.

1.5. Sachsensumpf- Berichterstattungs- Urteil- Witz

Möglicherweise noch kalter Krieg gegen die freigeistigen Künste? Die Richtung des kalten Kriegs ist längst veraltet? Ein Militärgericht gegen die Gerichte (fordern)?

Dazu noch: (Aufgehobenes) Urteil gegen die "Sachsensumpf"- Berichterstattung. Die angeklagten Journalisten sind wahrsch schon auf etwas analoges gekommen. Auch kalter Krieg: Die skandalösen Aussagen zweier minderjähriger Prostituierter, die zwei Journalisten in ihrer Arbeit für voll genommen haben, den Journalisten anlasten! Jeweils 3 Jahre Haft für die Insider (also das Gericht und den klagenden Ex- Richter), wie wärs? Nächstesmal 10. Über den Kläger mache ich noch einen Witz (Sitzt ein suspendierter Leipziger Richter im Restaurant beim Mittagessen und erzählt jammernd der Kellnerin... In Wirklichkeit aber.... "weggesperrt"!)

Witz:

Sitzt ein suspendierter Leipziger Richter im Restaurant beim Mittagessen und erzählt jammernd der Kellnerin...: „Jetzt haben zwei Spiegel- Journalisten die Aussagen dieser minderjährigen Prostituierten aus meinem Prozess damals für voll genommen..." „Ach" sagte die Kellnerin.

In Wirklichkeit aber: sitzt ein suspendierter Leipziger Richter im Restaurant beim Mittagessen und erzählt jammernd der Kellnerin...: „Jetzt haben zwei Spiegel- Journalisten die Aussagen dieser minderjährigen Prostituierten aus meinem Prozess damals für voll genommen und ich habe gegen die Journalisten geklagt! Und wissen Sie was?!:" jammerte der suspendierte Richter, „Das Volk findet jetzt, ich gehörte für eine Weile weggesperrt." „Allerdings" sagte die Kellnerin.

iZm Ganz spezielle persönliche Schuldübertragungstechnik, Insider- Betrug, Insider- Absprache.

rem.: verhängt ist nicht vollstreckt.

1.6. Revisionsansinnen bezüglich „Sarrazin vs. taz."

Erregte sehr großes Ärgernis. Verbot ist laut Wikipedia vom OLG Ffm aufgehoben. Verärgerte .Skizze

Revisionsansinnen bezüglich:
Thilo Sarrazins Prozess gegen die taz (Denis Yüzel) im Lichte der "Engholm-Verfehlung".
--- das Urteil erregt erhebliches Ärgernis ---
--- Schuldübertragung auf die Presse gehört härter bestraft! ---
--- Ein besonders krasser Fall von Parteibetrug (Parteiverrat § xyz StGB) ---

1. Definition der "Engholm- Verfehlung".
(...)
hist.: Engholm vs. Titanic: Einen Witz theoretisch politisch verbündeter falsch verstehen und unangemessne aggressiv werden; Ich 2006 ad StA Muc: Dass ich die verbotene Collage, welche die Korruption der CDU widerspiegelt in diesen mir gegenüber extrem korrupten Jahren der Merkel gerne in meiner Wohnung, u Engholm lebt ja noch, aufgehängt hätte...

2. Definition der Sozialen Bewegung.
(...)
3. Sarrazin als Opfer einer "Engholm- Verfehlung"
Falsch verstandener Skandalautor. (Dass er ~ so ein Rassist sei, "Ungeheuerlich"). Von seinem eigenen politischen Lager stigmatisiert.

4. Sarrazin als ehedem große Hoffnung gegen die Engholm- Verfehlung (Engholm-Neurose).
Als zu tolerierender und zu deutender Provokateur. --- nicht: zu stigmatisierender ~.

5. Sittenwidrige Verkaufsstrategie zu "Deutschland schafft sich ab" in der taz.
Die Sozialdemokratie ist international, sozial und antifaschistisch. Rassist und Sozialdemokrat sein schließt einander aus.
In der taz wird ebenjener Sozialdemokrat Sarrazin, welcher sogar ein Ausschlussverfahren gegen sich abwehren konnte, von einem Teil der Redakteure aber regelmäßig rassistisch genannt (vielleicht ein Dutzend Mal, zuletzt am ....). Diese Unvereinbarkeit bezüglich der zugeschriebenen Eigenschaften Sarrazins erzeugt bei mir erheblichen Ärger (eigentlich sogar Schmerzen), aller Wahrscheinlichkeit nach nicht nur bei mir.
Wobei ich einschränkend "Schmerzen" nicht sicher sagen kann, ich bekommen auch anderweitig, mittels einer Neurohypnosewaffe kontinuierlich welche zugefügt, derartig, dass diese ua mir gerne Übertragungsfehlleistungen reinzwingen, gerne Affekte (wie auch Ärger) verstärken.
Verkauf des Sarrazin- Werks durch Schmerzzufügung.
Mir ist die Diskussion aus der gymnasialen Mittelstufe, ob man "Neger" sagen dürfe (damals: Nein) gut in Erinnerung. Der Begriff eignete sich dort auch zum hänseln,

mobben und politkriminell- provozieren. Hänseln, Mobben und politkriminell-provozieren kann ein Mensch allerdings auch mit dem Begriff "Rassist" (wie hier geschehen).

6. Sarrazin m Wiss nur Polemiker, nicht Rassist!

Dieser Redakteursteil, der Sarrazin Rassist nennt, diskutiert die Sache nun einmal auf pubertär- provokativen Niveau (gymnasiale Mittelstufe), "Rhetorik" und "Psychologie" kommt noch nicht vor. Ob man diesem Redaktionsteil vorwerfen kann (zumindest essayistisch vorwerfen), jung genug zu sein, um indirekt schon, noch einen Vorvertrag irgendwo bei Bertelsmann zu haben - und sich durch sittenwidrige Verkäufe des Bertelsmann- Sarrazin- Machwerks schon einmal dort Meriten verdiene? Mwiss Ja.

7. Rolle Denis Yüzels (von Sarrazin verurteilter taz- Redakteur)

Denis Yüzel gehörte bisher nicht zu diesem Redaktionsteil, welcher den Sozialdemokraten Sarrazin als Rassist bezeichneten, ich glaube ganz im Gegenteil. Ich glaube, Denis Yüzel diesen Ärger indirekt dargestellt, Sarrazin vom Rassisten zum sinngemäß- Tattergreis "degradiert". Vielleicht wäre Sarrazin dann noch einmal, zum Experten oder so "degradiert" worden - kann man ein bisschen annehmen.

Diese „Degradierung" war aus sozialdemokratischer Sicht (Wahrheit, Empirie, Ehrlichkeit, Sachlichkeit, Sozialverhalten) dringend vonnöten - von Sarrazin ärgerlicherweise unterbundene „Degradierung". Aus Bertelsmann- Sicht (Buchverkäufe) theoretisch unerwünscht; dort möchte man diesen zersetzenden Skandal theoretisch am kochen, aktuell halten.

Was der Skandalautor sich einbildet, wie er nicht rezipiert werden dürfe?

Ärger bezüglich des Urteils: Dummheit durfte siegen, außerdem hat die Anklage strategisch- debil gelogen ("unerträglich"). Wahr wäre: Unterschiedliche Körperideologien - strukturelle Meinungsfreiheit bezüglich des individuellen Körperbild (skeptisch- rationalistisches vielleicht) vom Gericht unterbunden, ein Skandal! Und das für einen Skandalautor gegen die Interessen seiner Partei! Schuldübertragung bezüglich der eigenen körperlichen Schmerzen seitens des Skandalautors übersehen.

8. Dimension des Hochverrats gegen die Freiheit der Kunst.

Das kann er (Sarrazin) doch nicht machen, wo doch ein Hochverrat gegen die Freiheit der Kunst akut ist („Esra- Verbot")! (Sozialdemokratische (Teil) m Wiss. Sicht)

9. Sarrazins Engholm- Verfehlung.

Dass sich dieser Polemiker leisten wollte, einen Journalisten zu verklagen sollte sich rächen müssen. Im Sinne der Gerechtigkeit und des öffentlichen Ansehens der SPD hat er außerdem genau den falschen Journalisten verklagt, und auch noch mittels eines Professors einen ungerechtfertigten Schuldspruch (hier: "Insider-Rechtsbeugung") erlangt.

Ungeheuerlich!

10. Revisionsansinnen:
- Ein besonders krasser Fall von Parteibetrugs (Parteiverrats?) §xyz StGB seitens Sarrazins Anwalt, Professor Dr. jur. ...
3 Jahre Haft eigentlich 10.
- Ebenso 3 Jahre Haft für Richter ... (eigentlich 10). Der Landesverrat ist ja wohl nachgewiesen.
Tätige Reue Herr Sarrazin: In 3 Monaten ist der Rassismus- Skandal öffentlich richtiggestellt. Richtiggestellt wohlgemerkt im Sinne des öffentlichen Ansehens der SPD. Dazu gehört nicht, mit der Bertelsmann- AG die taz zu verklagen oder überhaupt über die Gerichte gegen die freie Presse vorzugehen!
Sonst verurteilte ich Ihren Vertrag mit der Bertelsmann AG (DVA) als sittenwidrig und fordere auch 3 Jahre Haft.

11. Leistung & Qualifikation des Gerichts (ergänzend 4c.).
- Rhetorisch (literaturwissenschaftlich) nicht gut genug.
- Psychologisch nicht gut genug (siehe oben).
- Unschuldsvermutung hätte zu gelten (Yüzel ein Intellektueller).
- Benehmen des Gerichts im Gericht zweifelhaft... 3 Tage Ordnungshaft.
- Schloss sich einer verachtenswerten neueren Linie id Deutschen Rechtsprechung an ("Esra- Verbot"), die geradezu verlangt, dass sich die Kläger in Presseprozessen dumm anstellen.
- "Körperideologie" & Meinungsfreiheit sabotiert.
- Übertragung/ Schuldübertragung.
Schuldübertragung auf die Presse gehört härter bestraft!

12. Primärschuld S. Gabriel und A Nahles im SPD- Sinn.
Hysterische Produziererei statt dialektischer Erörterung. Nie mehr Staatsanwältin, nur noch Rezensionen!
(Minus 8 Prozent 2013!)

(wh.) Zur Rechtskräftigkeit (Nicht- Rechtskr.) siehe Punkt 1.2..
rem.: verhängt ist nicht vollstreckt.

1.7. „Paar Wepper vs. Atze Schröder" (Persönlichkeitsrechte X).
Erregte Ärgernis, SZ 2013.

(Skizze, unbezahlt)

Dass ein Gericht dem debilen Komiker S. seine debile Ästhetik ("Ästhetik")
sanktioniert, also manipuliert, ist suboptimal. Solche Possen sind Minderheiten- und
Spartenprogramm (Häme und unverständige Rohheit als Publikum), niemand muss
sie also ernstnehmen.

(Innerer Friede, Rechtssicherheit).
Es muss schon der Begriff "sexuelle Nötigung" im Urteil genannt werden, dass ich
es akzeptierte. Also etwa, dass die Possen des S. unwissentlich eine Tendenz zur
sexuellen Nötigung haben, und das Gericht sie deswegen unterbinden will ('Sex
findet im Kopf statt' (Volksweisheit), Unwissenheit schützt vor Strafe nicht). Die
Nennung des § im Sinne des inneren Friedens mit der Presse und Kunst, im Sinne
Rechtssicherheit der verunsicherten jungen Menschen die mit diesartiger Komik
hatten aufwachsen müssen (Privatfernsehen).

1b. Überhaupt noch mehr Friedensrichter statt Scharfrichter auf diesem Gebiet zu
fordern!

2. Freilich läuft Paar Wepper Gefahr, als herzloser Mensch dazustehen. Läuft
Gefahr, einen temporären Radikalenerlass (in Form von temporären
Staatsknetenverbots) in weniger hysterisch dominierten Gegenden implizit verhängt
zu bekommen. (Verärgerte die Fachwelt, ist wohl aktuell künstlerisch indisponiert,
Stichwort 'Angriff auf die Witzfreiheit (einfacher Menschen)'...).
(Überhaupt Stichwort "Staatsgeldempfänger", auch das Gericht).
Läuft Gefahr Gespielte Hysterie, Scheinheiligkeit, Produziererei, künstlerische
Indisponiertheit uä. vorgeworfen zu bekommen.

2b. Paar Wepper darf als Mitglied des öffentlichen Rundfunks so weit auch selbst
argumentieren müssen.

3. Selbstdarstellung (Selbstvermarktung) und Kritik derselben, also keine
Persönlichkeitsrechte anführbar?

4. Beleidigung oder Beleidigung der Revision? Stichwort "öffentliches Urteil".

2. Teil Original und Zuständigkeit (Dokumente)

2.1. Ein Kunsthasser aus Köln und eine Heuschrecke aus Köln (*Kopie, online publiziert*).

(gekürzt).

1. Im Jahr 2003 war ich in meiner Wohnung von einer Funktechnologie erfasst worden (durch mein halbes Wohnzimmer gehauen), einer Neurohypnose-, Hypnose- und Datenwaffe, wie es heute bei mir heißt, und sollte die Eingangsszene von Maxim Billers Roman "Die Tochter" (die Beschreibung eines Teenager-Amateur- Pornos mit "halbjüdischen" Mädchen) erklären.

Kann schon sein, dass sie das inspiriert hat, meine Banknachbarin aus der Jahrgangsstufe 10 und/ oder 11, welche ebenso hellblond gelockt, aber doppelt so jüdisch wie Billers Figur gewesen war.

Spontan fand ich, Billers Szene sei eine Allegorie, die Provokation sei sozial genug, wenn ich es als persönliche Provokation verstehen würde, bei Erscheinen gelesen hätte: Ach ich muss (will dringend) eine Psychoanalyse machen. Auch "Übertragungssubjekt" (psychoanalytisch). Diese Sonderermittlung hatte es wohl schon sehr früh, seit oder vor Erscheinen der "Tochter" gegeben.

2003, im selben Jahr war in München das Verbotsurteil gegen Billers Roman "Esra" gefällt worden. Aufgrund meines Erlebnisses war ich spontan mit dem Urteil nicht einverstanden, mit der Verteidigung nicht einverstanden, konnte ja nicht mehr sein, es grauste mir. ("Das- Sei, das Sei, das Sei- Literaturtheorie.") Mit der Klägerin, einer bayrischen Schauspielerin, war ich auch nicht einverstanden gewesen (So etwas macht man mit Kunstwerken nicht), diese würde ich aber gerne in Ruhe lassen.

Eine ausgesprochen dumme, verlogene, unverschämte, asoziale Verteidigung seitens des Kiepenheuer und Witsch- Verlages war das gewesen. Das will nicht gesagt werden, also sage ich es mal.

Ich habe sogar ein Revisionsurteil (Freispruch), die bayrische Lage berücksichtigend, mal aufgesetzt - aufsetzen müssen. [i]Wenn ich noch finde dieses Verlagsverhalten beschädigt deren Konkurrenz, muss ich die Revision fast veröffentlichen.[/i]

2. Ich habe Angst, meine Meinung, wie weit die Beamtenverfehlung mit der Neurohypnose-, Hypnose- und Datenwaffe gehen dürfte, zu äußern (Sehr weit, so ungefähr):

Ungefähr ein Nrw- Landesbeamter hat eine Ermittlerlegende für voll nehmen dürfen und dann? Neben anderem auch "Angriffskrieg gegen die Schweiz" mit der Technologie? Ja, Schuldspruch.

Ermittlerlegendenexperten in Umkehrung - "Staats"geheimnisexeperten in Umkehrung. Ich kann keine Staatsgeheimnisse anerkennen, die berufliche und geschäftliche, spezialwissentliche urheberrechtlich relevante Daten von mir enthalten.

Ein in frecher Art und Weise kriminelles Land ist dieses Deutschland in verschiedener Hinsicht geworden, und hat es selbst gar nicht gemerkt.

Die Technologie wäre der BND (CDU/ JU- Version)? Nein, das ist die österreichische Luftwaffe, die den Deutschen ihren Lauschangriff erklären soll. Bzw. zweiteres ist genauso wahr.

3. Ich weiß nicht, nach welchen Regeln der Neurohypnosewaffen- Algorithmus in die Bevölkerung streut - ich weiß, dass er streut, ich weiß, er mochte, mag keine Künstler.

Dieser Text war, was die Nervenbelastung angeht, ein sehr schwieriger Text. (...).

2.2. Brief über die Neurohypnose-, Hypnose- und Datenwaffe an Professor Dr. Stephan Lorenz, LMU (2012) *(Kopie)*.
Anm.: Teil- offener Brief, mehrfach als e- mail, 2 Versionen, teilw. pseudonym, versandt.

An Professor Dr. Stephan Lorenz, LMU

Sehr geehrte(r) Herr Professor Lorenz,

ein Portrait der Neurohypnose-, Hypnose- und Datenwaffe mit der ich 2006/ 07 aus Ihrem Grundkurs BGB geprügelt worden bin, habe ich nun hier veröffentlicht (Ich gehe davon aus, das interessiert insgesamt):
Sie und Ihr Lauschangriff (Neurohypnose-, Hypnose- und Datenwaffe)
Marco Bsondermann
Paperback, 456 Seiten
ISBN 9783000384127
Preis: 24,90 €
Selbst erlebt. „Ich habe eine Satelliten-(?) Funkpeilung mit Berieselungs- Funktion (Hypnose, Elektroschocks, Gedankenkontrolle, Lärm; optionaler Lausch- und Filmangriff) im Körper. [Ich armer hypnotisierter Depp. Mein armes Gehirn]" (Standardformulierung, „Schicht 5" der Hypnose- und Datenwaffenbeschreibung).Bisher nur beim bod- Anbieter lulu.de
Ein Pseudonym, kein Künstlername, Sie kennen den Unterschied bestimmt, sonst: Ich möchte nicht so (Marco ...) genannt werden, nicht in der Öffentlichkeit als Autor dieses Werkes erkannt werden.

Einmal, ungefähr im Jahr 2008, war ich in Ihrer Sprechstunde gewesen, erwähnte die Hypnosewaffen-Sache auch (damals noch andere Terminologie) - keine Ahnung, ob Sie Sich an mich erinnern. Wenn ich einmal vorbeikommen soll, es wäre kein weiter Weg für mich.

Auch in meinem Buch enthalten: Details zu einer geheimen Sonderermittlung mittels der Technologie bei mir zu Maxim Billers Roman „Die Tochter", bzw. Details zu etwas, das ich als so eine S. identifizieren musste (Maxim Biller, Romanverbot in München 2003). Das interessiert Sie vielleicht. Wäre ich damals in der Lage gewesen, an der Uni zu bleiben, hätte ich in Ihren, den Professorenkreisen diesbezüglich wohl irgendwann ein gutes Wort (begründet, persönlich, fachwissenschaftlich) für den Autor und den Verlag einlegen wollen, mehr nicht.

Zu Ihrem Kurs damals erlaube ich mir folgende Anmerkungen:

Ich hatte Unglück genug im Leben, um mit 29 Jahren ein Jurastudium beginnen zu wollen, und das legitim zu finden. Ich lernte von Anfang an sehr viel, stand sehr früh auf (5 Uhr) und war froh, lernen und studieren zu dürfen. Lernte das BGB nach Vokabular, das war bei meiner hohen Belesenheit angemessen und perspektivisch sinnvoll.

Das ist etwas sehr schönes, so Früh aufzustehen, zu lernen, vielleicht noch etwas putzen und dann in die Uni fahren; die Strecke der letzten beiden U- Bahnstationen in der Morgenluft zu Fuß zurückzulegen, zu jeder Jahreszeit. Vor allem dann, wenn man vorher keine besonders gute Zeit gehabt hat...

Ihre Lehre im Kurs war sehr genau und detailreich, die fand ich sehr gut.

Die Korrekturen allerdings waren überhaupt nicht hilfreich gewesen.

Einmal meine ich, hatten Sie im Kurs über den niedrigen Notenschnitt geklagt. Folgende kritische Anmerkung erlaube ich mir deswegen verspätet einmal - Hätte ich mein damals hypnotisiert- blockiertes- sabotiertes Gehirn alleine und in vollem Umfang zur Verfügung gehabt, wäre mir folgende Replik vielleicht sinngemäß eingefallen: Ein junger Professor, wie Sie es damals beinahe noch waren, könnte die ersten Jahre seiner Professur, alles selbst korrigieren sollen. Dann käme er Fehlhaltungen, Anmaßungen, politische Straftaten, Betrugsmustern, usw. die im Mittelbau, also unter den Korrektoren, auftauchen oder existieren könnten, später sehr viel schneller auf die Schliche. Der „bad assistant from hell" ist schließlich sprichwörtlicher Buchinhalt geworden. Naja, was soll's.

Das Design der oben beschriebenen Neurohypnose-, Hypnose- und Datenwaffe wurde mir gegenüber in den ersten Semesterferien umgestellt: Man begann, plärrend laut gewalttätig meinen Wortschatz zu blockieren, mir einen anderen, minderwertigen Wortschatz zu oktroyieren, meine Rezeptionsfähigkeit- Text (Also Lesefähigkeit) zu blockieren und anderes mehr. Versprach andauernd, die Sache gleich auszuschalten. Völlig unmöglich also, weiterzustudieren.

Mit 5 oder mehr Punkten in einer der beiden Hausarbeiten wäre ich trotzdem immatrikuliert geblieben und hätte um den Schein gekämpft. So exogen cerebral eingeschränkt schaffte ich es dann nicht einmal mehr in eine Sprechstunde und exmatrikulierte mich - in die Sprechstunde kam ich erst ungefähr ein Jahr später: Sehr eingeschüchtert, erschrocken und ratlos war ich damals auch gewesen.

Einmal setzte ich in der Weihnachtszeit einen Brief an Sie mit Details zum Hypnosewaffen- Verhalten damals auf, dieser Entwurf ist in meinem Buch (2. Teil.

Private Notizen, journalistisch- literarische Bearbeitungen, private Briefe (Teile)) enthalten. (In dieser mail außerdem als Anlage).
Kopien an Prof. Dr. von Coelln, damals Kursleiter Grundkurs ÖR, Fachschaft Jura (anonymisiert, ich halte nicht viel vom bayerischen Jurastudenten), Dekan.

Nachbemerkungen:

Herr Prof. von Coelln (Köln) würde die Sache erst glauben, wenn ich auch in Köln bei der Polizei gewesen war, deswegen müsse ich das noch. Keine Ahnung ob das stimmt. Ich kenne die Kölner Museen aber schon.
Für den Fall, dass die Fakultät oder Teile derselben aufgrund der hier auftauchenden neuen Tatsachen, eine Neuregelung „technische Mittel" (Art. 13) beantragen, führen will, dafür stünde ich zur Verfügung, das will ich auch führen.
Paraphrasiert: Neuregelung Lauschangriff/ technische Mittel: Bei dem schlechten Benehmen, Bei den verwendeten Technologien. (...). Ja meine Güte Deutsches Volk.
Zivile Vorarbeiten, wie dem Artikel- 13 Ausschuss des Deutschen Bundestages zu schreiben, hätte ich geleistet.
Einen Zivilprozess würde ich außerdem führen wollen.
In einem anderen Briefentwurf sah ich mich zu der zu meiner persönlichen Situation passenden Sottise veranlasst, den Beruf des Juraprofessors zu loben, den hätte ich auch gerne, meine Staatsrechtsvorlesung begönne mit den beiden Worten ‚Der Verein'.
Nachdem ich einem Professor für Rechtswissenschaften schreibe: Die Regelung zur Abgabe von Pflichtexemplaren an die BSB, die DNB ist mir selbstverständlich geläufig.
(Ab 10 verkauften Stück an die BSB).

Hochachtungsvoll, (...)

Nein, es geht mir nach wie vor nicht gut. Ich habe nach wie vor diese (Neuro)Hypnosewaffe, die unter anderem auch auf PC- Bildschirme filmt, weniger am Hals, als vielmehr am Intellekt. Aua. Mein armes Gehirn. (Standardsignatur).

2.3. Brief über die Neurohypnose-, Hypnose- und Datenwaffe an den BGH (2013) (Kopie).

betr.: Aktenzeichen S 18; Bearbeiter/in Ihre E-Mail vom 18.01.2013 [Name]

Sehr geehrte(r) Damen und Herren beim BGH, sehr geehrte(r) Herr/ Frau [Name] (Bearbeiter/ in), sehr geehrter Präsident,
(Schreiben Im Sinne von Gewaltprävention, informationeller Selbstbestimmung, nicht zuletzt Journalismus und Nationalem Interesse (Wer tat/ tut mir das an?)).

Inhalt:
A. Prolog
B. Situation
C. Fragen
D: Ergänzende Anmerkungen

A. Prolog
1. vielen Dank für Ihre Antwort vom 24.01.2013. Ihre Antwort war ausführlicher als ich erwartet hatte. Damit, dass Sie sich zu meiner Sache gutachtlich äußern, hatte ich nie gerechnet. Dass ich mir meine Gutachten theoretisch selber schreiben kann, hatte ich mir gedacht, ob diese Meinungen auch geteilt werden würden, ist eine andere Sache. Insofern war ich nicht einmal enttäuscht oder gar verärgert.
2. Einen vertrauenswürdigen Rechtsanwalt zu finden, ist in meiner Lage schwierig, ich hatte es bereits mehrfach versucht. Auch einen Rechtsanwalt, der sich kulant genug verhielte, dass ich mich nicht noch mehr betrogen fühlen werde. Dazu besteht die Gefahr, auf einfache Weise noch mehr geschädigt zu werden, als ich es schon bin. Außerdem würde ich meine(n) Prozess(e) am liebsten selbst führen, im Zweifel selbst verlieren. Siehe auch Punkt 4., Punkt 6., Punkt 10..

B. Situation
3. Ob Sie mir meine Lage glauben, welche durch die nun schon lange andauernde Gewalttätigkeit einer Neurohypnose-, Hypnose- und Datenwaffe mir gegenüber begründet ist, kann ich nicht mit Sicherheit sagen. Gleichwohl hängt diese Technologie auch heute, das ist der 21.4.2013 (ff.), noch (etwas abgeschwächt) gewalttätig in mir drin, wäre also mWiss, wenn jemand wollte, in verschiedener Weise nachweisbar (bei einigermaßen vernünftigem Benehmen nachweisbar). Siehe auch Punkt 9..
4. Nach meiner Rechnung werde ich bald das 10. Jahr als hypnotisierter Sklave, davon bald das 7. Jahr als verprügelter hypnotisierter Sklave auf ebenjenem, hier von mir beschriebenem Weg gehalten (2004 ff., März 2007 ff., begründet in einem anderen Text) :
Sie und Ihr Lauschangriff (Neurohypnose-, Hypnose- und Datenwaffe)
Marco Bsondermann
Paperback, 456 Seiten
Preis: 24,90 €

ISBN 9783000384127
Selbstverlag unter Pseudonym
Selbst erlebt. „Ich habe eine Satelliten-(?) Funkpeilung mit Berieselungs- Funktion (Hypnose, Elektroschocks, Gedankenkontrolle, Lärm; optionaler Lausch- und Filmangriff) im Körper. [Ich armer hypnotisierter Depp. Mein armes Gehirn]" (Standardformulierung, „Schicht 5" der Hypnose- und Datenwaffenbeschreibung). 5. Meiner Meinung nach gehöre ich in der Sache längst bezahlt.

Der Form halber teile ich mit, dass ich meinen Stundensatz für solche Neurohypnosewaffen- Sachen (siehe auch Punkt 9.) für das Jahr 2013 auf 75 Euro festsetze. Materialien meinerseits, auf die das Urheberrecht anwendbar ist („rausgefilmt" und irgendwo gespeichert), sind im Preis freilich nicht enthalten und können im Preis nicht enthalten sein. Der Preis für diese ist ein ganz anderer und inkulanterer. Die Berechnung des beschädigten Produktivkapitals (Intellekt, Lebenszeit) ist auch eine ganz andere.

C. Fragen.
Insofern erlaube ich mir ein paar Fragen.
6a. Insofern (Punkte 3., 4.) erlaube ich mir die Frage, ob mir ein Rechtsanwalt beigeordnet werden muss, längst hätte müssen? (bzw. Ein Rechtsanwalt und ein Staatsanwalt...).
7. Wer tut mir das an? Ob man mir sagen wolle, welche Stelle, also irgendetwas zwischen lokaler Staatsanwaltschaft/ lokalem LKA und nationalem Regierungsprogramm tut mir das an, glaube ich, mir diese Sache antut. Dann könnte ich mich präziser verhalten, beschweren, wehren.
Also --- bitte entschuldigen Sie für die folgenden Auslassungen! ---
7a. "will ein lokaler Staatsanwalt auf diesem Weg weitere Anklagevorbereitungen/ Plagiatsvorlagen sich liefern lassen/ geliefert bekommen"?! oder
7b. "welches Ministerium vermietet mich an welchen Technologiekonzern"?! oder
7c. "dass dieses Regierungsprogramm korrekt abrechnet, glaube ich keine Sekunde, nie im Leben!" oder
7d. "welches länderübergreifende Verfahren möchte mit mir nach wie vor so verkehren dürfen (Es wären mindestens zwei gewesen, ich werde "gedoppelt" (Neurohypnosewaffentechnologie), deswegen unter anderem sei die Technologie auch so gewalttätig. Ich eigne mich mWiss intellektuell- moralisch weit überdurchschnittlich gut, auf rechtskorrupte lokale Beamte (fachwissenschaftlich argumentierend -) gehetzt zu werden. "Dopplung" meint doppelte Energie, gewalttätig umgeformt, siehe Buch. Über meine Motivation, zu diesen Bedingungen weitere derartige Leistungen zu erbringen habe ich tatsächlich ein Gutachten aufgesetzt." oder
7e. "was für einen kriminell agiert habenden Deutschen Beamten (entstanden aus dem Sonderermittlungsgerät Biller- Die Tochter) alles unternommen wird ist unerhört!" oder
7f. "Werde ich doch für eine Revision verwendet, wofür werde ich von wem verwendet?" oder
7g. oder usw. Ich weiß es doch nicht so genau, weiß nur was mir angetan wurde/

wird. Je nach aktuellem Neurohypnosewaffendesign (<-> Suggestionswaffe) wechselt meine Meinung hierzu außerdem, was mich zusätzlich quält.

8. Prozessauskünfte? Ich brauche keine "Rechtsauskünfte" (Sie), ich bin intellektueller Vielleser, auch was Gesetze und Juristisches angeht, vielen Dank. Nachdem ich etwas angezeigt hatte, 2006- 2011, zuerst diverses (eine fragliche Gefahr eins bis fünf) dann nur noch die Neurohypnosewaffengewalt, mir sehr übles diesbezüglich widerfahren ist, wäre ich aber für Prozessauskünfte (Ich hoffe, Sie verwenden diese Begriffe nicht synonym) diesbezüglich dankbar. Finde auch, ich hätte solche verdient. Vielleicht sind Sie dafür die falsche Instanz, ich erwähne es aber (siehe auch Punkte 7a, 7d). Darf ich um Prozessauskünfte bitten?

D. Außerdem erlaube ich mir folgende Anmerkungen:

9. Dokumentationspflicht (Nationales Interesse): Für körperliche Merkmale, mir sicher als neurohypnosewaffenprovoziert nachgewiesen, verwende ich mittlerweile (in meinem Buch war ich knapp noch nicht so weit gewesen, nur satirische Vorformen wie "Terminator", damals verwendet nur im Geiste) den Begriff der 'körpereigenen Implantate'. Die 'körpereigenen Implantate' sehr suboptimal selbst fotografiert mit beispielsweise schräg einhändig in den Badezimmerspiegel oder schräg auf ein weiteres Körperteil gehaltene Kamera und ähnlich.

Dass diese Implantate professionell fotografiert (medizinisch dokumentiert) werden sollten? JA. Dass ich das bezahlen sollte? Nein, Danke, siehe auch Punkt 7c.. usw. uvm.

Von meiner Seite her sind von der Vergabe ausgeschlossen im Zweifel das Klinikum Rechts der Isar, der Elsevier Verlag (vormals Urban und Fischer), Verlage der Holtzbrinck- Gruppe, bzw. ehemaligen Holtzbrinck- Gruppe 8siehe auch Punkt 7a.).

10. zögerliches Arbeitstempo: Da fremdbestimmt (neurohypnosewaffengenerierte (siehe Punkt 4.) Cerebralblockaden, Paralysierung (häufig, langandauernd, plärrend laut angeplärrt und gezielt partiell cerebralblockiert), künstlich erzeugtes Delirium, Terminierung (meine Terminologie), Verängstigung, bspw.). Hinzu kommen weitere Faktoren wie wohl auch "nervliche Belastung" bezüglich der Inhalte hier (aber nicht nur endogene, usw., eine Frechheit).

11. Personenschutz: In meinem ersten oder zweiten Schreiben in dieser Neurohypnose- Hypnose- und Datenwaffen- Sache an die Staatsanwaltschaft München, 2006, forderte ich meiner Erinnerung nach für mich "Personenschutz", einen solchen der diese Sache ausschaltet oder mir wenigstens sagt, über wen ich mich beschweren darf. Vielleicht "durfte" ich nur deshalb knapp überleben? Seitdem getraute ich mich meines Wissens nicht, diesen Begriff wieder zu verwenden. Ich fordere mal Stärkung dieser Position, auch im Ausland (auch dann, so, wenn ich mich ins Ausland begebe).

12. Ich war einmal ein begabter, hoffnungsvoller Mensch gewesen, wollte ich erwähnen....

Hochachtungsvoll,

2.4. *Erneutes Primärärgernis:* Klippen der Unvernunft (Novelle, Fragment) *(vermutlich, Internet!, Erstpublikation).*

Auszug aus einer meiner Novellen(- Entwürfe) „Klippen der Unvernunft".

Klippen der Unvernunft (Novelle, Entwurf) (Dokument).

(...)
Die Geschichte des dritten Mannes, mit dem Vanessa zur Zeit sexuell verkehrte, (auch ein zeitkritischer Witz), wollte ich erzählen, wurde als einzige inspiriert von einer realen zeitlich naheliegenden (2012) problematischen Erzählung einer [i]psychisch leidenden[/i] jungen Frau, die ansatzweise das gleiche Problem (einen sexuellen Übergriff eines Psychotherapeuten) geschildert hatte - Meine Szene ist umgearbeitet, verfremdet, ironisiert/ verwitzelt, die junge Frau war mit der Sache weniger souverän als meine Vanessa umgegangen. Ich hatte laut und schallend gelacht, als die Szene begann, mir in den Sinn zu kommen.
Zwei mächtige Kräfte (zwei mächtige Ängste zerrten monatelang an meiner Brust. Ich hatte die Geschichte gestrichen, fast weggeworfen. Was mich dabei quälte, hinterkopfmäßig, war nun ein Gerichtsurteil aus Hamburg (nicht das Erste dieser Art, das erste war aus München gewesen), mit dem wegen einer analogen Sache gleich ein ganzer Roman der Autorin Sina Schlank (Name geändert) vorübergehend verboten worden war ("Persönlichkeitsrechte"), umgearbeitet zu werden hatte. Bei psychisch Leidenden wurden die Gerichte im letzten Jahrzehnt nicht nur einmal sehr schnell aggressiv den Künsten gegenüber, schoben einen Riegel vor. Dort wird meine Szene wahrscheinlich also strukturell für unlauter oder unsittlich, persönlichkeitsrechtsverletzend, verbietbar gehalten. Ungerecht- aggressiv aber sind diese Gerichte, wie ich finde. Ich finde nicht, dass ich der jungen Frau, die meine Szene inspirierte- provozierte, etwas wegnehmen würde, also materielle Persönlichkeitsrechte verletzte. Genausowenig allerdings hat das Sina Schlank (Name geändert) getan. Dazu wäre meine Szene ein Arztwitz gewesen, ich neige ästhetisch- moralisch zum Arztwitz, auch machen mir Arztwitze sehr viel Spaß und ich glaube, gut auf dem Gebiet des Arztwitzes zu sein - Das war die zweite mächtige Kraft in meiner Brust: Bloß keine Selbstzensur, der Wille zum Arztwitz. Freiheit aus Prinzip zum Arztwitz! [i]Das ist nicht mein Gericht, sind nicht meine Gerichte, das ist nicht meine Gerechtigkeit nicht meine Schuldverteilung, die zu diesen Urteilen führte.[/i] Ich bin unschuldig!
Der dritte Mann, mit dem Vanessa sexuell verkehrte, war in den Psychotherapiestunden ihr Psychotherapeut. Eine Nachwuchskraft, ein ganz armes Würstchen; keine Ahnung, wie er das machen solle, psycho- therapieren (bei dem Niveau heute - die wichtigsten Techniken Intellektuellen gegenüber sind doch seit circa 1980 vergessen; das Fach ist in weiten Teilen hoffnungslos verblödet). Obwohl Vanessa ihn theoretisch sehr kompetent findet. Schließlich hatte sich das Sexuelle erst ergeben, er hatte in diesem Sinne über sie herfallen müssen, sie genötigt. Dann das Sexuelle so verfestigt, dass der junge Mann auch noch glaubte

das zu dürfen - es ging gar nicht mehr anders. Schließlich war er ein Leidender, ein Opfer, ihr obsessiv verfallen, und musste so therapieren. "Es geht mir sehr gut damit" hatte Vanessa gesagt, "seltsamerweise". "Sicher wird es mir später einmal geschadet haben, nicht aufgearbeitet zu haben, was ich aufarbeiten hatte wollen." sagte Vanessa nachdenklich, "aber ich fühle mich ihm nach jeder Stunde psychologisch so überlegen, dass es mir einfach hervorragend geht."
Wieder ein Psychotherapeut, der Dritten, wieder mir, Arbeit macht, darf ich mir denken - ich meinte den realen Psychotherapeuten. So ein Scheiß- Land. Noch ein Richter, der....
(...)
(2012/ 13)

Anm.2013: „Was war zuerst da, Henne oder Ei" – nicht die erste solche Psychotherapeuten- Geschichte, die ich hörte, insofern bin ich mir heute über den Zusammenhang, die Reihenfolge meiner Erfindung gar nicht mehr sicher: Auch möglich, dass mir zuerst mein Psychotherapeutenwitz, und dann die dazugehörige zeitnahe Realerzählung einfiel... und ich dann in Gewissensnöte geriet.
Bedingte, verlangte Kapitel 1.3.

2.5. Ursprung des Begriffs „Revisionsansinnen" *(Kopie).*

Der Begriff geht indirekt auf eine Genreliste von Jan M. Zenker, www.keinverlag.de, zurück. Ironisierte, fiktionalisierte Darstellung in meiner Novelle „Die Abenteuer der Sylvesternacht". Sonst vielleicht „theoretische Anzeige", „Protestnoten im Urteilsstil" anstelle von Revisionsansinnen oder so.

Die Abenteuer der Sylvesternacht (Novelle, 2013)

"Die Abenteuer der Sylvesternacht" hatte es als Titel schon öfters gegeben, zuerst oder recht früh in der Geschichte der Literatur bei E.T.A. Hoffmann.

Öfters zuletzt 2012 hatte mir nachts geträumt, in heftigen, schmerzenden Träumen geträumt, in der "Genreliste", einem dropdownmenu ("Novelle"), eines vielgenannten Internet- Literatur- Portals, einem sehr fundierten dropdownmenu, befände sich auch der Listenpunkt "Anzeige".
Ausgerechnet die Sylvesternacht: Es war Jahre her, dass ich in einer Sylvesternacht mit FreundInnen Fondue gekocht hatte, ich war wieder - ich habe auch kaum FreundInnen zur Zeit, ich war wieder alleine zu Hause.
Noch mehrere Stunden bis Mitternacht. Ich meldete mich, es war sowieso ein verlorener Abend, in besagtem Internet- Literatur- Portal an. Ich gab das erstemal

einen Test- Text ein, um an jenes fundierte Dropdownmenu, welches mich nächtens so oft beschäftigt hatte, seine Listenpunkte zu gelangen. Einmal las ich es ganz durch. Es fand sich dort nicht die Textgattung "Anzeige". Ich hatte mein Ergebnis noch nicht ganz verstanden. Betrunken bin ich auch schon. Später gab ich noch einmal einen Test- Text ein; las noch einmal das besagte Dropdownmenu durch. "Urteil". ~~Es fand sich dort nicht die Textgattung "Anzeige", aber die Textgattung "Urteil". So ein Glück, "Urteil"!~~

Witze über andere Menschen die in ebenjener Nacht in besagtem Internet- Literatur- Portal (Witz geändert, E.T.A. Hoffmann!) später in einem Fonduetopf verschwunden waren, überlegt. Ich bin guten Mutes, dort mit meiner Mission fertig zu werden, bevor ich so eine Art Zwangsstörung....

Insgesamt ist es vonnöten, dass Autoren ihren eigenen, keinen fremden Erfahrungsschatz, Erfahrungshorizont für ihre Texte verwenden. Dass allerdings ein Internet- Literatur- Portal selbst zum neuen Lebensinhalt eines Autors hinzugerät, also auch allmählich zum Erfahrungsschatz, Erfahrungshorizont für seine Texte wird, hat schon zu extrem scheußlichen und ganz amoralischen Redundanzen textueller Natur geführt.

Kurz vor Mitternacht. Ich überlegte, eines der Menschen, welches neben mir in der Internet- Literatur- Community angemeldet war, zum Chat aufzufordern. Viel zu gehemmt. Ich habe ganz unmögliche, unerbetene Probleme strukturell derartig, dass ich sehr gehemmt in meiner Kommunikation sein muss.
Dann brannte das Deutsche Volk sein Sylvesterfeuerwerk ab.
"Urteil", so ein Glück!

"Urteil", ich ängstigte mich. Die Chefs des Ladens, des vielgenannten Internet- Literatur- Portals, jene Eigentümer des dropdownmenus, werden denken, mein "Urteil" sei irgendwie gefährlich als Text. Ein Urteil, das ein Gericht bezichtigt, ist gefährlich. Ein bezichtigtes Gericht: Das sind Insider, die mit dem nächsten Insider gegen einen Journalisten eine Rechtsbeugung durchsetzen können.... Die Chefs des Ladens hatten aber doch meinen Text, mein "Urteil" indirekt verbessert....
"Revisionsansinnen", wie der Text jetzt heißt....
Ich könnte auch einen eigenen kleinen Laden, einen blog oder so, kein Problem....
"Ich- Schwäche", "Übertragungsanalyse", "Angst", "Schublade" dachte ich mir.

Mittlerweile war Februar.
Ich erinnerte mich: Ein "Aufflackern", ein "Aufflackern" als mein altes ästhetisches Ideal. Aufflackern von
Geist,
Utopie,
Widerstand,
Dialektik,
Brillanz,

Idealismus,
Frieden,
der Idee einer besseren Welt.

Also werde ich mein "Revisionsansinnen" in besagtem Internet- Literatur- Portal vielleicht irgendwann ein paar Wochen lang [i]aufflackern[/i] lassen.

Verworfene Fragmente:

Vanessa lachte.
"Hast du auch genug getrunken für dein Urteil?" fragte Vanessa.
Es tröstete mich sehr, dass Vanessa mich als Mensch ernstnahm.
"Danke, Vanessa" sagte ich.
(Das versteht noch keiner, weswegen Vanessa das sagt, wollte ich erzählen. Sie ist ihrer Zeit, der Juristerei, der Medizin, ja sogar der Physik in dieser Sache weit voraus.

Anm.: verknappt, slapstick.
setzt bezüglich der Rahmenhandlung meine vorigen Novellen hier fort.
zu wahr um unterlassen zu werden.

in heftigen, beinahe, eigentlich gewalttätigen Träumen, es war ja auch eine Neurohypnosewaffe, die mich so träumen ließ,
----

Korrektur („Urteil") S. 44.

2.6. Weiteres Buch des Autors (book on demand)
Sie und Ihr Lauschangriff (Neurohypnose-, Hypnose- und Datenwaffe)
Marco Bsondermann
Paperback, 456 Seiten
Preis: 24,90 €
ISBN 9783000384127
Selbstverlag unter Pseudonym

Selbst erlebt. „Ich habe eine Satelliten-(?) Funkpeilung mit Berieselungs- Funktion (Hypnose, Elektroschocks, Gedankenkontrolle, Lärm; optionaler Lausch- und Filmangriff) im Körper. [Ich armer hypnotisierter Depp. Mein armes Gehirn]" (Standardformulierung, „Schicht 5" der Hypnose- und Datenwaffenbeschreibung).

3. Tendenzgutachten und Gutachten zur Neurohypnose-, Hypnose- und Datenwaffe.

Die Texte 3.1. und 3.3. (wesentliche teile) sind Teile des Textes: Psychologisches Gutachten zu mir selbst bezüglich meiner Motivation, aufgrund von Gewalt mittels der von mir umfangreichst beschriebenen Neurohypnose- Hypnose- und Datenwaffe, gegen mich, noch einmal eine medizinische (psychiatrische) Fachpublikation anzuzeigen. (Mein erstes selbstverfasstes „Gutachten").

3.1. Der Staat, der sich eine Neurohypnose-, Hypnose- und Datenwaffe bei mir *herausgenommen* hat, käme billig weg bis wann? (Tendenz).

(Buch, S. 12) „In irgendeinem bayerischen Staatsanwaltsgesetz glaube ich gelesen zu haben (ach mein armes Gehirn), dass der StA Entlastendes mit anzugeben hat, also/ Rechnung (2):

Es ist nicht so, dass ich vor 2004 mittels der Technologie nicht angegriffen worden wäre. So ungefähr käme der Staat, hätte er 2003 aufgehört, bzw. bis 2003 „billig weg": Ich (Er) wollte nach dem Abitur eine Psychoanalyse machen, ‚auch objektiv'. Ein Analysebedürfnis bindet verschiedentlich Kräfte (emotionale und motivationale suboptimale Verfassung, seelische Schmerzen, Zeit, sie ist Arbeit), insofern bin ich nach einer Analyse leistungsfähiger, auch was ein Studium oder ähnliches angeht, spätes Studium von den Mitteln her möglich gewesen.

Analyse wahrscheinlich mittels Hypnosewaffengewalt über die Psychiatrie umgeleitet:

Dadurch hat er nur etwas Interessantes und ungewöhnliches erlebt. Auch noch kein großer Schaden.

(Meinung, Hypothese)"

Erg./ Erläuterung 2013 einer möglichen Sondererlaubnis ~ 1999 ff.:

1. Exogen verstärkte Borderline- Symptomatik 1999 f., eskalierte Symptome.

2. Im Zusammenhang mit: gesellschaftlichem Bedürfnis, diese Technologie publik zu machen.

3. iZm: Sonderermittlung Biller, siehe Kapitel 2.1. ~ 1999f..

4. Im Zusammenhang mit?: objektive/ logische Motivation meinerseits, ~ 1996 (Abiturjahr) ff. etwas aus meinem Verdrängten anzuzeigen, vorhanden (sowohl persönliche als auch moralische Motivation, genauere Umschreibung siehe anderes Buch), Anzeige tendenziell wahrscheinlich erwünscht. Eskalation der Symptome erhöht wohl die Wahrscheinlichkeit der Anzeige? (?)

5. Mein Analysebedürfnis 2003 genug bearbeitet!

6. Dann (2003) muss man mich echt endlich Karriere machen lassen.

3.2. Probleme heute

Einsatz bei psychische Kranken: mWiss nur im strengen Ausnahmefall legitim (siehe oben). Schwerer Missbrauch gegen „psychisch Kranke" seitdem allerdings wahrscheinlich (fabrikmäßige Routine).

3.3. Umfang meines Beleidigtseins in Euro ausgedrückt, Art der Arbeit.

Erg. 2013: entspricht Ingenieursgehalt 2004 ff., freelancerartig abgerechnet.
Es hat sich niemand 2006 f. entschuldigt oder bedankt. Es ist mir nicht möglich geworden, eine Art Schadensersatzklage, mein eigentliches Ziel, einzureichen (ganz im Gegenteil).
Für solche Kriminellen arbeite ich nicht. Das sind Mörder. Ein Plagiat meiner Argumentation und/ oder eine Intrige damals 2006 kann ich auch nicht ausschließen – im Gegenteil.
Die Technologie ist das kriminell modifizierte (ex-) Sonderermittlungsgerät Biller-Die Tochter (& kriminell umdeklarierte usw.). Für so etwas Kriminelles arbeite ich nicht.

Eine Motivation meinerseits, die Neurohypnose- Hypnose- und Datenwaffe zu beschreiben (aus meiner Sicht dringend erforderlich) wäre 2006 ff. auch anders, sinngemäß wie obig, herzustellen gewesen, anders als mich von der Uni zu prügeln, als mittels einer Dauer- Prügelstrafe mit selbiger Neurohypnose- Hypnose- und Datenwaffe. Eine Kiste Wein hätte ich geantwortet, ist ein bisschen wenig. Für die aberwitzigen Misshandlungen und meine Entbehrungen 2003- 2006 halte ich 50.000 (Fünfzigtausend) Euro für angemessen. Wahrscheinlich hätte ich auch einen Anwalt diesbezüglich genommen.
Es ist mir nun bald 10 Jahre unterbunden worden, irgendeine Art der Altersvorsorge usw. zu betreiben.
Meinen Stundensatz für solche Neurohypnosewaffen- Sachen setze ich für die Jahre 2004, 2005, 2006 auf 22 Euro fest, für die Jahre 2007 bis 2012 auf 50 Euro fest, für das Jahr 2013 und folgende auf 75 Euro fest. Mal 247,5 Arbeitstage im Jahr (pauschal) mal 8 Arbeitsstunden (Freilich bin ich auch nachts, nicht selten ganze Nächte hindurch mit der Technologie gewalttätig beschäftigt worden, Wochenenden, Überstunden werden nicht miteinberechnet) ergibt das zum 31.12.2012 (3x 43560 E + 6x 99.000 E) 724680 Euro.
Materialien meinerseits, auf die das Urheberrecht anwendbar ist („rausgefilmt" und irgendwo gespeichert), sind im Preis nicht enthalten und können im Preis nicht enthalten sein (... Den Haag!). Der Preis für diese ist ein ganz anderer und inkulanterer. Die Berechnung des beschädigten Produktivkapitals (Intellekt, Lebenszeit) ist auch eine ganz andere.

Was ich mit so viel Geld auf einmal machen würde? Endlich Altersvorsorge betreiben.

Eine deutliche Zahlung würde die, meine Arbeit, die Neurohypnose- Hypnose- und Datenwaffe zu beschreiben (eine Beschreibung ist aus meiner Sicht dringend erforderlich), nach wie vor deutlich verflüssigen.

Art der Arbeit: Nichts für einen einfachen Menschen. Ein einfacher Mensch hätte diese Neurohypnosewaffendesigns, die gegen mich verwendet worden waren, kaum überlebt (oder juristisch überlebt). Die Art der Arbeit erfordert einen gebildeten Ingenieur und Psychoanalytiker (Analytiker (analytisches Fachwissen) deswegen, weil ein solcher gegen die strukturell immanenten, designten cerebralen Betrugsmuster (ständig abgenötigte oder provozierte Übertragungsfehlleistungen) der Neurohypnose-, Hypnose- und Datenwaffe deutlich resistenter ist).

... 2013: (wh., Kap. 2.3.) „Der Form halber teile ich mit, dass ich meinen Stundensatz für solche Neurohypnosewaffen- Sachen (siehe auch Punkt 9.) für das Jahr 2013 auf 75 Euro festsetze. Materialien meinerseits, auf die das Urheberrecht anwendbar ist („rausgefilmt" und irgendwo gespeichert), sind im Preis freilich nicht enthalten und können im Preis nicht enthalten sein. Der Preis für diese ist ein ganz anderer und inkulanterer. Die Berechnung des beschädigten Produktivkapitals (Intellekt, Lebenszeit) ist auch eine ganz andere.

2013: Überstunden und Nachtarbeit (Schlafentzug!) unberücksichtigt, unberechnet.
2013 Umfang und (negative) Qualität der unerbetenen cerebralen Beschäftigung meiner Person mittels beschriebener Technologie (Waffe) rechtfertigen auch doppeltes Gehalt.

3.4. Hochverräterische Haltung meiner Peiniger (additiv zu Wohnung, Gleichheit, Entfaltung usw.)

Kriminelle Haltung meiner Peiniger (verächtlichmachende, hochverräterische, räuberische, gewaltkriminelle Haltung) bezüglich der Werte und Wertgegenstände von „Kunst" (GG), „Pressefreiheit" (GG), „Wissenschaft" (GG) – Werte und Wertgegenstände wie unter anderem „Information", „Werk", „Idee", „Recherche", „Personalästhetik", „Spezialwissen", „Technik", „Ethik", „Algorithmus" im Zusammenhang (...).

Bringschuld des Deutschen Staates im Zusammenhang: Von mir bejaht. Zumindest hier: Am 2.1.2007 darf eine schriftliche Absichtserklärung bei mir vorzuliegen (die erste Anzeige erfolgte 2006), meine Urheberrechte nicht weiter so aberwitzig verletzen zu wollen. Ausgesprochen debiler, fortgesetzter internationaler Rechtsbruch im Zusammenhang. Bringschuld eigentlich auch in weiteren Punkten. Ich stand/ stehe unter einer Art Hypnose!

3.5. Deutsche konkrete Rechtsnormen, die zum Hypnosewaffen- Vorgehen passen:
„Großer Lauschangriff" (GG ff.)

Geheimer Sonderermittler (StGB)
Länderübergreifendes Verfahren (BKA- Gesetz)
Bundesaufsicht (GG).
Hypnoseverbot der StPO (hier gedeutet als Hypnoseverbot- gegen eine, nicht bei einer Person) § xyz.

Revisionsgerichte (StPO, Landesgesetze zu den Gerichten, wie Bayrisches Gesetz zu den Amtsgerichten usw.)
leider auch „psychiatrisches Gutachten", mEr nötigend missbraucht.

Hochverrat gegen die EU (StGB §xyz); qua Hochverrat gg. die Freiheit der Kunst bspw..

Stand meiner Gesetzeslektüre: Im wesentlichen 2006.

4. Teil. Witze

Wie wohl das Urteil ausfallen solle, fragte ein Amtsrichter einen Arzt. Nun So, dass ein Arzt damit Geld verdiene, sagte der Arzt.

Wozu wohl diese Neurohypnosewaffe laufe, fragte man einen Deutschen Arzt? Nun dazu, dass dem Deutschen Arzt ein stabil hoher Umsatz garantiert wird, sagte der Deutsche Arzt.

5. Teil. Ausblick, Seitblick, anderslautende Urteile

5.1. Elsevier 1
(amazon- Kundenrezensions- Entwurf)
(literarisch codiert)

Gefahren für ÄrztInnen bei Psychoedukation- Borderline sind außerdem:

1. Ich war einer der ersten Psychotherapiepatienten des Autors gewesen, Ausbildungspatient, was keine gute Entscheidung von mir gewesen war, mir viel Unglück bereitet hat, ein vergleichsweise sehr gebildeter und intelligenter Patient. Damals „kognitive Verhaltenstherapie", was etwas ähnliches ist wie „Psychoedukation". Meine damalige Symptomatik lässt sich auch als in- Richtung- Borderline beschreiben (Mir ist ein anderer Ansatz, „Analysebedürfnis", von den Herrn auch mit Kräften ignoriertes Analysebedürfnis), lieber.
2. Es gibt ein kriminell geführtes Ermittlungsverfahren bezüglich der Rentrop- Müller- Publizistik, geführt mit funkbasierten Gedankenkontrolltechnologien (Neurohypnose-, Hypnose- und Datenwaffe) – oder etwas ähnliches, analoges – kriminell geführt den Patienten, Kritikern, mir gegenüber.
3. Über frühere, bessere Zeiten weiß ich zu sagen, dass man damals wusste, dass sich der Erfolg und/ oder Misserfolg einer Therapie erst mittelfristig herausstellt, insofern hätte ich etwas zum Thema sagen gehabt.
3b. Ich bin ein friedlicher, sensibler und verantwortungsbewusster Mensch. Ich wäre gerne gefragt worden, hätte mich sehr negativ geäußert (war regriert, verunsichert -> Fehlentscheidungen bspw-).
Insofern ein ganz zweifelhafter, verdächtiger wissenschaftlicher Ansatz. Einmal habe ich mich verärgert- sarkastisch glaube ich so geäußert: Die forschenden (eigtl. „forschenden" Dr. meds sind mir gegenüber viel zu unverschämt gewesen, als dass sie noch nach ein paar Jahren einen Fragebogen vorbeischicken hätten können.
4. Um den Damen und Herren ÄrztInnen falsche Schlüsse zu unterbinden, ich hatte selbstanalytisch jede Menge nachzuarbeiten, bin darüber ruiniert und werde seit mehreren Jahren mit einem gewalttätigen Neurohypnose-, Hypnose- und Datenwaffen- Design als Geisel (irgendwas zwischen Geisel und Sklave) gehalten. Strafrechtsurteile (Strafbefehle, Vorladungen) gegen mich, was ich außerdem recherchiert hatte, sind mir keine bekannt geworden.
5. Ich glaube, es ist der „man behauptet einen Müll, um was erklärt zu bekommen"- Betrugstrick. So einen rechtsradikalen Müll kann sich doch nur ein Verbindungsstudent herausnehmen. Der wird durch rechtskorrupte Provokation noch „Psychoanalytiker", ich sehs schon kommen.
6. Gefahren für ÄrztInnen bei Psychoedukation- Borderline sind außerdem:
[Aussageunterdrückung, Beitritt zu einer Straftat, Konditionierung und Abhängigkeitsverhältnis]
- Im Zusammenhang mit dem Umgang mit dem Trauma des Patienten: Eine Aufarbeitung oder Untersuchung des Traumas wird durch Verhaltenstraining

unterbunden, ersetzt, überdeckt (auch bei der "kognitiven Verhaltenstherapie", ähnlich).
- Aussageunterdrückung.
- Beitritt zu einer Straftat.
- Patienten- Konditionierung und Durchsetzerei als typische dazugehöriges Therapeuten- Fehlverhalten.
- Falls jemand gerne satirisch oder plakativ formuliert auch "Heilen im Sinne der Gegenseite. Kinderschänder von damals."
- Erfahrene Juristen könnten dem/ der ÄrztIn versuchtes Dauerschuldverhältnis vorwerfen.
- dass ihr/ ihm schlecht wird, wenn es klassische Definitionen der Borderline-Persönlichkeitsstörung daneben legt.

5.2. Elsevier 2
Skizze.
(Wucher). Nicht aktuell: Einen Elsevierband so in Erinnerung gehabt, dass der Verlag die Kritik verlangte gefälligst selbst zugeschickt zu bekommen. Erinnerung hat sich bei aktueller Recherche (Blick ins Buch im Internet) nicht (aktuell) bestätigt.

5.3. Elsevier 3.
Skizze.
(„Stetiger Wandel der medizinischen Forschungsergebnisse")
= mangelnder Wille (mangelndes Können bezüglich) zur dialektischen und/ oder kritischen Beschreibung der eigenen Arbeit seitens Dr. med..

5.4. Verruf des Deutschen Arztes
a) Er hole regelmäßig aus solchen „BND- Fällen" alles raus was nur irgendwie an Behandlungshonoraren machbar ist.
Siehe auch 4.
b) (Neuregelung des Ermittlungsverfahrens) Werfen Sie gefälligst diesen Sven Montgomery, Dr. med., Präsident der Bundesärztekammer in eine Gefängniszelle und diese minderwertige Fachliteratur hinterher - anstatt mich wegen dieser mit einer Neurohypnosewaffe (nicht nur) zu verprügeln. Wenn die Anzeigen gut genug sind, wird getauscht. Rechtsgrundlage: Internationale Berufsordnung.

5.5. Verruf der Deutschen Gerichte
wegen Maulfaulheit?
... des Deutschen Bundestags?
siehe auch 5.6.

<u>5.6. Hausverbot gg. Juli Zeh und Ilija Trojanow in allen meinen Veranstaltungen</u>
Skizze, Entwurf. Irgendwann auszuformulieren und zu verschicken. In allen meinen
Veranstaltungen, für immer.
wg. „Angriff ad Freiheit" (Trojanow, Zeh) vs. „Sie und Ihr Lauschangriff" (ich).
Einen ordentlichen Prozess werde ich, da doch m Wiss ein Hochverrat gegen die
Freiheit der Kunst id Gerichten akut ist, in München nicht führen wollen.

„Angriff ad Freiheit" (Trojanow, Zeh) ist ein schlechter Witz, und zwar ein
schlechter Witz zu viel.
Ich möchte die beiden Autoren in meinen Veranstaltungen, sollte es je welche
geben, nicht ertragen müssen und erteile deswegen hiermit **Hausverbot.**

theoretische Vorwürfe, gekürzt:
- ganz ahnungsloser "Lauschangriffsexperten", die dadurch außerdem ihre Zeitung/
ihre Verlag (taz, Carl Hanser Verlag) rufschädigend betrügen.
- haben sich ein nichtiges Verfahren (qua Anspielung) mit dem
Sonderermittlungsgerät gegen mich angedreht, wofür ihnen im Deutschen Volk die
Auflage hochberieselt worden ist – sicherheitshalber, präventiv aus Sicht der
Neurohypnosewaffen- User reagiert deren Gerät so m Wiss. Der erste schlechte Witz
(das erste nichtige Verfahren) diesbezüglich stand m Wiss in Spieltrieb (Zeh, ~
2005), worüber man, nicht nur ich, gerne hinweggesehen hätte. Wer da von Vorsatz
ausgeht, muss die Autoren ja für ~~Serienmörder~~ vorsätzliche Gewaltkriminelle (siehe
mein Buch S. soundso) und Personen, die den Staat irgendwo erpressen, halten.
Bzw. ins fremde Verfahren gedrängelt.
- Die beiden Autoren gehen in meinen Augen für einen Platz auf der Spiegel-
Bestsellerliste über Leichen.
- Die Leitartikel, die Ilija Trojanow *die Gelegenheit* hatte, in der taz zu publizieren,
behandelten keineswegs mehr dieses Thema, sondern waren dämliche, eingebildete
homestorys über sich und seine Freunde. Was ihn noch verdächtiger macht.
Öffentlicher Druck wäre m Wiss vonnöten gewesen, viel zu sagen wäre gewesen.
Der T. blockiert mich, denke ich manchmal, das sind eigentlich längst meine Zeilen.
- Ich habe 2006 angefangen diesen gewiss illegal gewordenen Lauschangriff auf
mich schriftlich anzuzeigen, zuallererst bei der Staatsanwaltschaft München, die
folgenden Jahre auch nicht aufgehört, auch öffentlich streitbar darüber gesprochen
(Heute habe ich mir sogar 2 Protest- T-Shirts für passende Gelegenheiten machen
lassen). Ich habe also wahrscheinlich 3 Jahre unfreiwillige Vorabwerbung für deren
ausgesprochen inhaltsleeres Stellvertreterwerk gemacht. Pennäleraufsätze.
- Irgendwann habe ich verärgert einmal geäußert, dass solche U- Bahn- Schläger,
wie sie zuletzt öfters, auch wegen Mordes in der Zeitung gestanden hatten, bereits
bei „Bedrohung" (StGB) bestraft werden sollten, nicht erst bei „schwerer
Körperverletzung" (StGB). Also bestraft für „Schau nicht so blöd, stell dich
woanders hin"- Verhalten, bestraft mit Warnschussarrest id Psychiatrie. Solche
Charaktere bringt außerdem eine „Verhaltenstherapie" persönlich weiter (was eine
Therapie doch theoretisch leisten sollte) im Ggsatz zu siehe oben.

Selbiges, Zwangseinweisung, fordere ich auch gegen Zeh & Trojanow vor (RG Bedrohung, Nachstellung). Das auch für den Fall, dass die Personen mit dem schlechten Image, das sie bei mir haben, nicht zurechtkommen würden.
- Aggressivität und Habgier.
- Aussageunterdrückung, Zeugeneinschüchterung, Kampagnensabotage.

6. Weiteres Buch des Autors (book on demand)

Sie und Ihr Lauschangriff (Neurohypnose-, Hypnose- und Datenwaffe)
Marco Bsondermann
Paperback, 456 Seiten
Preis: 24,90 €
ISBN 9783000384127
Selbstverlag unter Pseudonym

Selbst erlebt. „Ich habe eine Satelliten-(?) Funkpeilung mit Berieselungs- Funktion (Hypnose, Elektroschocks, Gedankenkontrolle, Lärm; optionaler Lausch- und Filmangriff) im Körper. [Ich armer hypnotisierter Depp. Mein armes Gehirn]" (Standardformulierung, „Schicht 5" der Hypnose- und Datenwaffenbeschreibung).
Mehr als doppelt so viele Buchstaben pro Seite als in "Angriff auf die Freiheit" in meinem Buch, außer es ist eine Abbildung ad Seite.

7. Exemplare dieses Buchs zu einer funkbasierten Strahlen- und Wellenwaffe degradiert?

Für den Fall, dass diese Buch (Exemplar) gleichzeitig eine funkbasierte Strahlen- und Wellenwaffe (Neurohypnose- Hypnose- und Datenwaffe) ist (bzw. von einer solchen zu einem Teil ihrer selbst degradiert worden ist), theoretisch pseudo-cancerogene, schizophrenogene, gedankenkontrollierende, sexuell gewalttätige, gewalttätige uam. funkbasierte Strahlen- und Wellenwaffe, es den Besitzer körperlich beschädigt oder so, ich kann nichts dafür und weiß nicht, was ich dann machen soll.

Auch Teil einer Strahlen und Wellenwaffe war mWiss „Spieltrieb" von Juli Zeh, allerdings zu deren Gunsten, das Werk ist dem Deutschen Volk ‚edel gefunkt' worden. Mir jedenfalls, ich weiß nicht in welchem Umfang. ‚Edel gefunkt', und wohl ‚im deutschen Volk die Auflage hochberieselt bekommen...'.
Ebenso ‚edel gefunkt' worden ist mWiss „Der Turm" von Uwe Tellkamp (Unter Zuhilfenahme einer Turmsequenz von Bettina von Arnim „Edel gefunkt"). usw. analog.
Verbreitung mir unklar (Romane)

Vorsatz der AutorInnen kann man bei meiner Sicht der Dinge sogar vermuten: Haben sich nämlich ein nichtiges Ermittlungsverfahren (qua letztlich asozialer Anspielung) gegen einen gerät- bezüglichen Sonderermittlungszeugen angedreht – das Gerät reagierte so, dass es die AutorInnen zu seiner Sicherheit lieber gleich bezahlt.

Korrektur (Sylvesternacht, Kap. 2.5, S. 31 ff.).

rem. "falsche Erinnerung" (S. Freud, A. Adler auch noch) als psychologisches Phänomen, hier spektakuläres Beispiel. ""Urteil" fiel mir ein" ... könnte-sollte mal in einer Vorversion dieser Novellenpublikation gestanden haben.

In der Genreliste von www.keinverlag.de (welche ich aber tatsächlich id Sylvesternacht 12/ 13 zweimal durchgelesen hatte, wer damals online gewesen war, meine ich auch noch zu wissen (dokumentiert habe ich es nicht, das wäre kein Benehmen), betrunken war ich auch gewesen) stehen in Wirklichkeit im Zusammenhang (normierende Texte) nur: Anordnung, Gesetz, Satzung, Verordnung, Vorschrift.

Neurohypnosewaffenoktroyierte "falsche Erinnerung" (wie mWiss hier akut) existiert auch incl. übergriffigem Plagiatsansinnen (Leistungsverschieberei), auch aggressiv und vorsätzlich designt. "Künstlich erzeugte Träume".

Ich bin immer noch gezwungen diese N. zu beschreiben. f. E. möchte gelehrt werden, jaja.

wird id 15 bereits bestellten Exemplare, Eigenbedarf u -vertrieb eingearbeitet, eingeklebt.

www.ingramcontent.com/pod-product-compliance
Lightning Source LLC
Chambersburg PA
CBHW021939170526
45157CB00005B/2359